BRANDPEDIA

FELIZ MARCA NOVA

2022 EM 22 REFLEXÕES SOBRE MARCAS E SOCIEDADE

CLA editora

ÍNDICE

INTRODUÇÃO

PARA ABRIR 2022 DO JEITO QUE A GENTE GOSTA.

Quem nos conhece sabe o quanto gostamos de escrever e poder compartilhar com o mercado nosso modo de ver e praticar Branding. É por isso, que decidimos inaugurar 2022 trazendo a 3ª edição do **BRANDPEDIA FELIZ MARCA NOVA**, desta vez na forma de um livro com 22 reflexões sobre pessoas, sociedade e marcas. O conjunto dos textos inéditos, criados especialmente para essa finalidade, oferece um passeio sobre temas que contemplam tanto uma visão atemporal do Branding, de assuntos que não mudam nunca, como outros bastante contemporâneos.

Em nossos trabalhos, sabemos o quanto voar, pensar e trazer *insights* são relevantes para construir estratégias poderosas. Sem isso, os voos são rasos e não alcançam a grandiosidade que se espera. Também, se ficarmos apenas nas alturas, não impactaremos positivamente os resultados. É por isso que nossas 22 reflexões trazem esse equilíbrio entre voar e aterrissar, entre refletir e executar, entre criar e materializar. Afinal, falar de marcas é falar de negócios.

Todos sabemos o quanto os últimos 2 anos foram difíceis e, ainda com mais força, queremos desejar para este ano: muita saúde, paz e prosperidade.

BOA LEITURA, FELIZ MARCA NOVA E VIVA 2022!

A PANDEMIA DO TEMPO

> Tudo tem o seu tempo determinado, e há tempo para todo o propósito debaixo do céu. Há tempo de nascer, e tempo de morrer; tempo de plantar, e tempo de arrancar o que se plantou [...]
> Tempo de buscar, e tempo de perder; tempo de guardar, e tempo de lançar fora;
> Tempo de rasgar, e tempo de coser; tempo de estar calado, e tempo de falar;
> **(ECLESIASTES, 3,1-2. 6-7, [S.d.])**

AO LONGO DA HISTÓRIA, o tempo sempre foi um marcador da sociedade, com diferentes entendimentos. Milhares de anos depois, a Internet chegou ao mundo, por volta dos anos de 1990 e, com ela, experimentamos uma nova relação com o tempo, sem divisões nem espaços privilegiados — tempos de plantar e de colher se embaralharam. O digital e as facilidades de conexão criaram uma fantasia do alargamento das horas e da sobreposição de atividades. É como se Chronos, deus do tempo, tivesse sido raptado e torturado até ser capaz de ampliar nossas 24 horas do dia.

Aceleramos nossas vidas em muitos sentidos e em vários campos. Cada vez mais cedo buscamos saber o sexo do bebê, não nos permitindo fazer essa descoberta apenas após o nascimento. Crianças são alfabetizadas, em alguns casos em duas línguas, na fantasia dos pais de que "quanto antes melhor, mais preparados estarão para o mundo". Também aceleramos a velocidade dos audiolivros ou de filmes no *streaming*, para consumir mais em menos tempo. Viagens e excursões propõem a visita de dez países em dez dias; e dietas milagrosas prometem a perda de 20 quilos em menos de dois meses. Até nossas doenças, físicas ou emocionais, precisam ser sanadas o mais rapidamente possível. A intensa medicalização encontra terreno fértil na busca pelo tempo comprimido. Nos processos terapêuticos, é comum pacientes, principalmente os que chegam pela primeira vez aos consultórios, perguntarem: "quanto tempo vai levar?". Há não muito tempo, mais uma aceleração se instalou: podemos agora dobrar a velocidade das mensagens do WhatsApp para ouvi-las em menos tempo. A fantasia que move toda essa aceleração é a lógica do mundo contemporâneo: não há tempo a perder.

Dando um salto desta reflexão para o Branding, o que essa pressão de tempo nos traz? Nem tudo na aceleração do tempo é ruim e, no universo das marcas, também não é diferente. Há a luz e a sombra da velocidade. Do lado bom, vimos surgir novas empresas e modalidades de atendimento às pessoas. Desde o PIX, que transfere dinheiro de forma instantânea, até as marcas que nasceram e seguem prosperando na base da rapidez, Rappi sendo uma delas, levando até este atributo para o nome; ClickSign, nos livrando de longas esperas em cartórios e agilizando a assinatura eletrônica; ou os vídeos curtos do TikTok. Do lado perverso do tempo acelerado, vemos muitas marcas se precipitando, sem paciência para esperar iniciativas amadurecer e precocemente mudando suas estratégias. Esse é um grande risco para o Branding. Não há como gerar valor da noite para o dia. A cultura *agile* nem sempre é solução para tudo; fermentar ainda é preciso. Como uma vez ouvimos do ex-ministro e atual secretário do governo Dória, Henrique Meirelles, parafraseando Napoleão Bonaparte, **"vamos devagar porque eu tenho pressa."**

02

FAST FASHION, ECONOMIA CIRCULAR E TEMPO

EM NOSSA PRIMEIRA REFLEXÃO DESTA SÉRIE, começamos a entender que a moeda mais valiosa dos tempos atuais é o tempo. Muito se discute sobre criptomoedas ou as fontes não renováveis de energia, como ativos de valor. Mas é ele, nosso tempo, que aliás é um recurso não renovável, o mais precioso de todos os nossos ativos. O tempo que passou não tem volta. Além de uma verdade poética, essa reflexão acerca da finitude do tempo nos coloca diante de um dos grandes movimentos positivos que temos visto no mercado: a economia circular.

Em sua definição objetiva, desenvolvida pela Organização Internacional de Normalização (ISO), a economia circular "é um sistema econômico que utiliza uma abordagem sistêmica para manter o fluxo circular dos recursos, por meio da adição, retenção e regeneração de seu valor, contribuindo para o desenvolvimento sustentável." Assim, ao falarmos em economia circular, empresas e marcas buscam alargar o tempo de vida dos recursos utilizados, trabalhar na contramão do que o capitalismo mais frenético pregou, a descartabilidade. Se até um tempo atrás era *cool* falar que jogou fora um produto e comprou um novinho, hoje essa fala já não encontra mais a mesma receptividade. A palavra de ordem é otimizar recursos e não esbanjá-los.

Quando recentemente vimos a Renner criar sua primeira loja pautada pelos princípios da economia circular em detrimento do *fast fashion*, é sinal de que começa a surgir uma nova consciência do tempo. A economia circular, na contramão do *fast fashion*, é uma maravilhosa demonstração de que nossa construção do tempo acelerado irá apenas acelerar a nossa finitude, seja de nós mesmos, seja do planeta. Outras duas marcas também relacionadas ao mesmo setor de moda são bons exemplos dessa mesma sintonia com a economia circular: Enjoei e Dress & Go. A primeira como um *e-commerce* de peças de segunda mão onde pessoas físicas encontram um espaço para vendê-las; e segunda como uma marca que aluga vestidos de festas, de marcas renomadas do mercado. No lugar de adquirir uma peça que em muitos

casos será usada uma única vez, aluga-se, promovendo um uso não individual de uma peça, e sim compartilhado.
Saindo da moda, vale lembrar da Solví, empresa que atua no Brasil e América do Sul, com a qual temos orgulho de trabalhar. Mesmo em um setor não tão glamouroso como o das marcas da moda, faz um importante trabalho relacionado à economia circular. Através do tratamento, destinação e valorização dos resíduos, é quem evita que lixos se acumulem e poluam nossas cidades, transformando-os em valor.

Renner, Enjoei, Dress & Go e Solví são algumas marcas que têm em suas entregas de produto formas de trabalhar a favor do tempo, e não o contrário. Querem ir na contramão da aceleração, praticar mais o *slow* do que o *fast*, apostando que há limites para a velocidade, se quisermos deixar um mundo minimamente saudável para as próximas gerações. A economia circular traz o freio e recupera um sentido de equilíbrio, uma bela iniciativa trazida por essas marcas que, esperamos, possa inspirar tantas outras.

03 ABAIXO O CONSUMIDOR! ABAIXO O MERCADO!

Calma, não enlouquecemos! Ainda mais em nossa empresa, em que pregamos o tempo inteiro o valor de se conhecer gente para criar estratégias de marcas poderosas. Mas notem que escrevemos gente e não consumidores e isso faz uma enorme diferença. Vamos explicar nosso ponto e argumentos para defendermos a bandeira do "abaixo o consumidor! Abaixo o mercado!"

ABAIXO O CONSUMIDOR porque cada vez se dá mais valor a visões mais integradas das pessoas. Vemos todos de forma holística e não apenas como frações. É assim que olhamos para as mulheres, por exemplo, não apenas como uma dona de casa ou esposa ou mãe. Mas como alguém que é múltipla, exercendo vários papéis.

ABAIXO O CONSUMIDOR porque, antes de qualquer coisa, somos todos pessoas. Colocar pessoas apenas como consumidores é separar o consumo das pessoas. Quem consome são pessoas e ponto. Seguimos sendo pessoas ao consumir e não precisamos mudar nossa identidade por conta disso.

ABAIXO O CONSUMIDOR porque cada vez mais o tema da pedagogia do consumo se faz necessário. A denominação consumidor exacerba um comportamento, o de consumo, que, mesmo que importante e necessário, seja para nós, seja para a economia, é supervalorizar esse papel.

ABAIXO O MERCADO e viva a sociedade. Nesta mesma linha, ao colocarmos pessoas no lugar de consumidores, estamos valorizando o ser social. E este ser social não está interagindo com o mercado, no seu caráter apenas de consumo. Uma pessoa que compra está exercendo a cidadania na medida em que está sendo capaz de comprar itens que possam garantir seu sustento, crescimento, moradia ou qualidade de vida. Consequentemente, como cidadão, ele é o que sustenta a sociedade, e não o mercado.

Se o que queremos é construir relações por inteiro, empáticas e de respeito, fica a dica: marcas se relacionam com pessoas e existem para servir à sociedade!

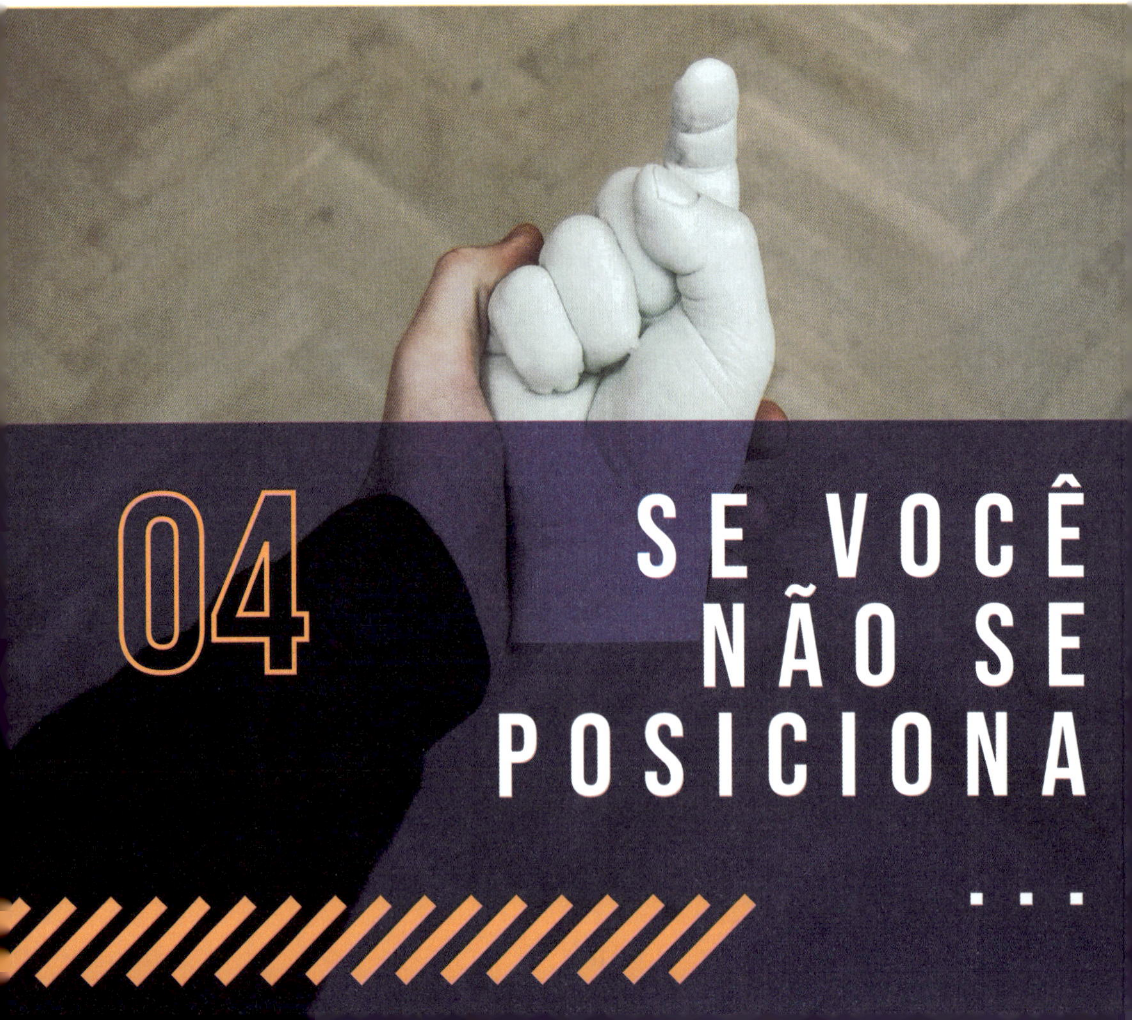

04 SE VOCÊ NÃO SE POSICIONA...

Muitas vezes recebemos um cliente que nos fala: "estou preocupado com minha imagem, pois as pessoas estão me vendo de uma forma que não corresponde àquilo que somos". Para comentarmos sobre esse tema vale voltarmos um pouco a alguns conceitos básicos, mais especificamente a três deles: identidade, imagem e posicionamento. Vamos lá!

IDENTIDADE é tudo o que definimos sobre uma marca. Seus pilares, seu conjunto de atributos, benefícios, personalidade. A identidade é construída pela empresa, como uma carta de intenções, aquilo que define quem a marca é. Identidade é algo construído dentro da empresa. Isto é, como a marca pretende ser vista.

IMAGEM é como eu sou visto de fato como marca. Ou, como gostamos de repetir, usando uma frase maravilhosa do Jeff Bezos, fundador da Amazon: "marca é aquilo que falam de você quando você sai da sala". Ao falar marca aqui, Bezos está falando de imagem da marca, do saldo que fica na cabeça das pessoas sobre aquilo que viram, experimentaram, sentiram e ouviram de sua marca. Imagem é o que é construído na cabeça (e no coração) das pessoas. Aquilo que os americanos chamam de *net impression*.

E O POSICIONAMENTO é o que fica entre esses dois conceitos. É aquilo que carrega a identidade e se converte em imagem, em forma de uma promessa da marca. Se bem feito, constrói uma imagem forte, única e distintiva diante da concorrência.

Vamos voltar agora à preocupação do cliente hipotético, por onde começamos o texto. Ele nos disse que sua marca estava sendo vista de forma diferente do que almejava. Se colocarmos essa fala em nossos conceitos, seria como se a imagem da marca não estivesse refletindo sua identidade. Bom, quando isso acontece, o "culpado" é seu posicionamento, afinal, ele é o veículo que transforma identidade em imagem. Neste caso, o cliente pode estar com um posicionamento equivocado, incapaz de fazer essa passagem com clareza. Ou simplesmente ele pode ter deixado de se posicionar e sua imagem estar sendo construída neste vácuo, isto é, pelo posicionamento de outra marca. Quando sua marca não se posiciona, você pode estar sendo posicionado pela ação do seu concorrente. Quer um exemplo? Imagine uma marca de varejo que é bastante ativa em comunicação, mostrando-se como atual e moderna. Se essa marca for bastante vocal e efetivamente entregar essa promessa em seus pontos de venda, não só ela se posiciona, como também ela acaba posicionando seus concorrentes por oposição. Ou seja, ela ocupa um território, uma imagem construída por seu posicionamento, e empurra os concorrentes para o lado oposto, neste caso, para serem vistas como antigas e ultrapassadas, por oposição.

Em suma, quando você não se posiciona, você é posicionado por seu concorrente. Portanto, tome a dianteira e não espere para ser refém do posicionamento que sobrou para você.

05 THE HOUSE OF GUCCI

PROMETEMOS NÃO DAR *SPOILER* E VOCÊS PROMETEM ASSISTIR, SE VOCÊ AINDA NÃO O FEZ, CLARO? Se você é um interessado em marcas, não pode perder esse filme, *Casa Gucci*. Uma lição de Branding e de força de marca. Fora o time que faz o filme, direção do brilhante Ridley Scott e elenco pra lá de especial: Al Pacino, Lady Gaga, Adam Driver e Jeremy Irons, entre outros. Para quem não sabe, o filme conta a história da grife e dos dramas da família que a criou.

Afinal, por que vale ver esse filme, do ponto de vista de Branding? Aí vão 3 boas razões.

1. ALMA DE FUNDADOR

A Gucci foi criada em 1922 por Guccio Gucci, mas foi pelas mãos dos seus filhos Rodolfo e Vasco que a marca se tornou o ícone que conhecemos até hoje. Eram homens do negócio e não homens de negócio, ou seja, eram apaixonados pela arte da moda, eram encantados pelo que faziam e levavam esse encantamento para a marca. Faziam uma gestão de marca com alma e não uma gestão burocrática, fria e calculista. Podiam pecar como gestores, mas compensavam essa falha pela paixão que nutriam pela marca.

2. AUTENTICIDADE PRESERVADA

Quem entende de moda, de marca ou é bom observador saberá falar quais as cores características da Gucci e também saberá relatar o logo da marca. O logo GG, que representa as iniciais do fundador, e as cores verde e vermelha, cores da Itália, em forma de listras, são as representações visuais históricas da marca. E foi exatamente pela insistência e repetição desses ativos que ela favoreceu seu reconhecimento. Foi não ceder à tentação de mudança que construíram seus *properties* visuais. Nem sempre mudar é a melhor estratégia. É preciso coragem para preservar, até bem mais do que para mudar. Isso é autenticidade de verdade.

3. QUALIDADE NÃO TEM PREÇO

Uma das melhores falas do filme acontece quando um dos irmãos diz que o preço alto é aquilo que é esquecido enquanto a qualidade superior permanece. Fantástico! É exatamente isso o poder das marcas fortes: reduzir a sensibilidade a preço com uma entrega de qualidade. Essa foi e ainda é a receita da Gucci. Não há dúvidas de que seus produtos são caros, mas a entrega está à altura. Como dizemos, não há marca forte que resista a produto ruim, e é nessa crença que Gucci cresce.

Garantimos a você que o filme vale o ingresso do cinema: a aula de Branding vem de bônus, lado a lado com a diversão.

06

DE BRAÇOS DADOS, RH E MARKETING

AS EMPRESAS ERAM ASSIM. O marketing como o espaço das pessoas que cuidavam das estratégias da marca, olhando da porta da rua para fora. O RH era quem cuidava dos públicos internos, das pessoas e pouco se interessavam pela marca. O olhar era da porta da rua para dentro.

Fast forward e chegamos a hoje. Porta da rua para dentro e porta da rua para fora são comunicantes: marcas não são tapumes, são vitrines que revelam sem disfarces. Dentro e fora se misturam num todo indivisível. O poder de atração e retenção de talentos depende da força e inspiração geradas pela marca. Resultados comerciais dependem de quão engajados estão todos os colaboradores. Equipe desmotivada e pouco atraída pela marca não tem energia para fazer a marca acontecer.

Hoje quase não há projetos de Branding em que a equipe de RH não esteja envolvida. Para nós, isso é uma grande alegria, pois confirma aquilo em que acreditamos. A marca não pertence ao marketing, eles são os operadores e aqueles com conhecimento técnico. Mas a marca de uma empresa é de todos que fazem com que ela aconteça no dia a dia. Nesse sentido, o RH é fundamental, já que é quem orquestra todas as pessoas e cultiva a cultura organizacional da qual a marca é um elo essencial.

O resultado de tudo isso, em nossa experiência, tem sido muito bacana e o principal beneficiário é a própria empresa. Esse entrelaçamento garante que as propostas da marca que saem para a rua sejam, antes de tudo, verdadeiras do lado de dentro. É essa energia que pulsa forte dentro que alavanca o sucesso do lado de fora. E é essa repercussão que a marca tem no mercado que gera desejo como marca empregadora. Podem observar as filas em processos de *trainees* que marcas poderosas provocam. Não é porque a política de salários ou benefícios é superior às demais, às vezes até o contrário. É porque elas são capazes de gerar desejo, não só por seus produtos e serviços, mas também pelas posições profissionais que oferecem.

Ao final, é um ganha-ganha geral quando RH e Branding caminham de mãos dadas. Uma gestão mais coerente, profissionais mais integrados, aprendendo uns com os outros e trazendo resultados mais sólidos.

07

HIGH TECH HIGH TOUCH

JÁ OUVIRAM FALAR DE *HIGH TECH* E *HIGH TOUCH*? Não é nada moderninho, mas é mais atual do que nunca. Esse termo de 4 palavras foi criado pelo americano John Naisbitt em 1982, ou seja, há 40 anos, como uma das megatendências!!! À época, Naisbitt reforçava a ideia da necessidade de um toque humanizado a cada nova tecnologia que fosse lançada. Nem Naisbitt poderia imaginar quão importante essa sua megatendência se tornaria. Nós aqui amamos o raciocínio que está por trás dela e nos inspiramos muito usando-a constantemente em nossos trabalhos.

E por que ela ainda é tão atual? Em nossa visão, tudo que se apoia em verdades fundamentais para os seres humanos não tem prazo de validade. Ideias e conceitos fortes são atemporais. Einstein, Galileu, Freud ou Jung provam isso. Suas teorias são eternamente verdadeiras.

Se pensarmos no mundo em que vivemos, onde o digital, a aceleração e o *real time* são dominantes, estamos vivendo sob a vigência do *high tech*. Neste universo, convivemos com *chatbots*, assistentes virtuais e algoritmos. A lógica binária dos códigos 0-1 define limites estreitos e ao mesmo tempo infinitos. O *big data* amplifica nossas possibilidades de compreensão e também nos joga para a incompreensão, já que é quase impossível processarmos tantos dados como temos disponível. A nuvem rompeu todas as fronteiras. Vivemos assim o ápice do *high tech*. É nessa vibração que vemos marcas construírem suas entregas e seus relacionamentos com os clientes. Cada vez menos olho no olho, cada vez mais digitais.

Mas, por excelência, os seres humanos são movidos por afeto. Nascemos e crescemos porque vamos construindo redes de relacionamentos. Sem isso, não existimos. Precisamos do toque, do calor do outro para nossa sobrevivência. Aliás, somos a única espécie que não consegue se desenvolver sem a presença da mãe ou de quem nos cuide. Já imaginaram um bebê sem essa presença física da sua mãe? Ou seja, somos *high touch* em nossa essência como humanos. É de nossa biologia, é da nossa psique.

Marcas que quiserem criar vínculos sólidos e permanentes precisam atender a essas duas polaridades, serem provedoras de *high tech* sem abrir mão do calor do *high touch*. Não à toa muitas assistentes virtuais carregam nomes femininos, Bia, Siri, Lu, Sol, Nat... é a busca de aproximar esses dois universos. Sem isso, as marcas ficam capengas, desequilibradas e incompletas.

08 WHEN I'M 64

When I get older losing my hair
Many years from now
Will you still be sending me a
Valentine
Birthday greetings bottle of
wine...

Com esses versos, os Beatles, mais especificamente John Lennon e Paul McCartney, em 1967, lançaram sua primeira música que trazia como tema a ideia do envelhecimento. Mesmo ainda muito jovens, antecipavam a vida futura e como seria envelhecer ao lado da pessoa amada. Nesta época, 64 anos já seria realmente uma pessoa velha, para os padrões. Hoje, nesta idade estamos em plena atividade, com a população mundial alterando a pirâmide etária, com quase 30 milhões de pessoas no Brasil acima dos 60 anos, segundo dados do IBGE de 2020.

Se a população envelhece, é porque, de algum modo, tanto a ciência quanto o estilo de vida das pessoas foram sendo aprimoradas a fim de conseguirmos viver mais anos. Que maravilha! O mesmo acontece com as marcas, ou melhor, com aquelas marcas que, assim como nós, seres humanos, fizeram boas escolhas para terem vidas longevas. Usando o mesmo corte de idade que define o que é um idoso, 60 anos, são muitas as marcas brasileiras que já são idosas nesse sentido, mas permanecem extremamente atuais. Nesta lista, apenas para citar algumas, Ypê, Tramontina, Riachuelo, Condor, Dona Benta. Temos o privilégio de atender a várias dessas marcas e de aprender com elas como conviver com o tempo, mas com vitalidade. Se, no caso das pessoas, a longevidade é fruto de boa alimentação, vida ativa e algum fator genético, quais são as escolhas que marcas devem fazer para avançar além dos 60 anos?

De forma breve, pensamos em 6 pontos que são comuns a essas marcas "idosas". Vamos a eles:

1. FOCO — não há como ser forte se não existir uma clareza naquilo que se oferece ao mercado. A dispersão é inimiga da longevidade. Gera enfraquecimento e perda de valor no médio e longo prazo.

2. CONSISTÊNCIA — é preciso firmar uma ideia e insistir nela. Muitas marcas se cansam de suas estratégias bem antes das pessoas que as consomem sequer conseguirem absorver o que elas quiseram dizer.

3. INOVAÇÃO — quem fica parado é poste, como diz José Simão. Ter consistência não quer dizer ficar parado. É preciso preservar o essencial na busca do novo.

4. COMUNICAÇÃO — aqui na TroianoBranding criamos o conceito de marcas Sherazade. O que é isso? Marcas precisam ter continuamente histórias para contar, reforçar suas alianças com as pessoas, com comunicação permanente.

5. QUALIDADE — outra máxima nossa é que marcas fortes não resistem a produtos ruins. Marcas não corrigem erros de produto ou entregas mal feitas de serviços. Todo cuidado é pouco com a qualidade que se oferece.

6. VALOR — por fim, é a sua entrega de valor às pessoas que fará a diferença.

Seu preço é passageiro, mas a capacidade da marca gerar valor é o que gera vínculos sólidos e longevos.

Will you still need me, will you
still feed me
When I'm sixty-four?

09 SURUBRAND, *SORRY*

JÁ COMEÇAMOS PEDINDO DESCULPAS PELO TERMO "SURUBRAND", por não ser tão fino, mas não existe melhor palavra para explicar o tema que queremos trazer neste texto. O termo surubrand foi criado por Jaime Troiano, nosso presidente, e está presente em seu segundo livro sobre Branding, o *Brand Intelligence*, de 2017.

Vamos lá explicar o que afinal é o surubrand! Em tradução quase literal, é bagunça das marcas, e na vida prática é quase isso mesmo. Quem nunca entrou num *site* ou esteve diante de um organograma de marcas de uma empresa com várias marcas em seu portfólio e encontrou uma confusão na forma como as marcas se apresentam? Marcas sem uma unidade na forma de se mostrarem, sem uma hierarquia clara, sem definições de papéis, sem clareza visual. Sem falar em vários programas dentro das empresas, de programa de *trainees* a avisos no refeitório que, do nada, viram marcas, com logotipo, nome do programa e referências visuais que lembram a marca-mãe ou não. Pronto, a bagunça está instalada. E isso não acontece por culpa de alguém. Todos têm boa vontade e querem deixar sua "marca" registrada e criar um sentido de identidade para "sua" iniciativa. Mas essa boa vontade cria uma tremenda confusão e drena energia da família de marcas, além de dispersar valor e causar uma dificuldade operacional.

Reconhecem agora algumas empresas que são praticantes do surubrand? Se esse é o caso de sua empresa ou de algum cliente que precisam ajudar, aqui vão algumas dicas de como fugir do surubrand.

1. Assuma um modelo de arquitetura que faça sentido para seu negócio e para sua estratégia. Pode ser paternidade, monolítico, independência ou aditivo. Ao assumir, siga firme com ele. Se ficar oscilando de modelo, o surubrand se instala novamente.

2. Analise quais marcas ficam e quais não merecem fazer parte da arquitetura. Para isso, vale pesquisar, estudar, entender o negócio, os números e, com isso em mãos, tomar essa decisão. Eliminar o surubrand passa por esse enxugamento. Quanto mais marcas no portfólio, mais o surubrand pode se instaurar.

3. Construa identidade visual coerente e decida quais marcas merecem ter representações gráficas. Há casos em que não há a necessidade de uma marca, nem de um nome próprio; basta uma designação de finalidade, por exemplo. Se não cuidarmos, marcas brotam como ervas daninhas e, você já sabe, lá vem o surubrand!

Uma coisa podemos garantir: temos visto na nossa história muito surubrand, até nas melhores famílias de marcas. Por isso, fique atento e, de tempos em tempos, analise o seu portfólio de marcas para saber se sua empresa é mais uma das vítimas do surubrand...

A DESCOBERTA DE UM ESPAÇO DE VALOR

EM TRABALHOS DE CRIAÇÃO DE MARCA e busca de um novo posicionamento, o maior desafio é sempre encontrar um espaço promissor. Aliás, o conceito de posicionamento trazido por Al Ries e Jack Trout em 1980 fala que a arte de posicionar uma marca é a de encontrar um espaço único na cabeça do consumidor. Parece bem simples, mas é a mais difícil das tarefas do Branding. Muitas e muitas marcas morrem exatamente neste mata-burros: a incapacidade de identificar esse espaço e mostrar seu valor a partir dele. É comum vermos posicionamentos pouco claros, ***"me-too"*** ou vazios. A possibilidade de "rebranding" surge como possibilidade de correção da rota de posicionamento, mas não é um processo simples. Uma vez fixada uma ideia na cabeça das pessoas, é difícil removê-la. A melhor solução é sempre acertar de primeira, pois, como dizemos aqui, você nunca tem uma segunda chance para causar uma primeira boa impressão (frase atribuída a Oscar Wilde, originalmente).

Queria aqui trazer duas marcas que, em nossa visão, fazem um belo trabalho de posicionamento. Não são clientes da TroianoBranding, mas sabemos reconhecer trabalhos bem feitos e marcas bem posicionadas. As marcas são SmartFit e Cacau Show. Embora marcas bem distintas e em territórios de negócios bem distintos, elas compartilham alguns pontos em comum que fizeram de ambas marcas de valor. Resumidamente, as duas encontraram um espaço de mercado baseado no seguinte tripé: **QUALIDADE-PREÇO-INOVAÇÃO.** Nunca tivemos acesso à estratégia dessas marcas e por isso podemos estar sendo incompletos nessa leitura. No entanto, é por esse tripé que vemos essas duas marcas conseguirem o sucesso que obtiveram. Entregam produtos e serviços de qualidade muito superior a outras marcas dentro de sua faixa de preço. Oferecem um preço justo por essa entrega, sem ser exorbitante nem ser baixo a ponto de gerar desconfiança. E não abrem mão de serem inovadoras, de irem além do básico. Seja na arquitetura das lojas, seja na expressão de suas marcas, seja nos produtos e serviços que oferecem. Encontraram uma fórmula única e distinta do que o mercado oferecia.

Olhando com o espelho retrovisor, ou sendo engenheiro de obra feita, é fácil dizer que esse tripé é óbvio. Mas, na prática, muitas marcas ficam para trás exatamente porque se esquecem do óbvio. Cacau Show e SmartFit souberam fazer o "óbvio" muito bem feito e colhem os frutos disso.

11

A FORÇA DAS METÁFORAS

JÁ DISSEMOS ISSO, MAS NÃO CUSTA REPETIR: só constrói marcas fortes quem entende de gente. É por isso que todos os nossos trabalhos começam com uma profunda investigação dentro e fora da empresa, ouvindo pessoas, entendendo suas angústias, seus desejos e expectativas em relação à marca. Ok, mas temos um outro problema, já que também acreditamos numa frase criada pelo Jaime Troiano: "o consumidor diz o que pensa, mas faz o que sente". Ou seja, por um lado, queremos muito ouvir as pessoas. Por outro, nem sempre essas mesmas pessoas sabem o que querem ou conscientemente conseguem expressar desejos. Muitas vezes, nem sabemos o que queremos.

Como saímos dessa armadilha? Buscando caminhos que fujam dessa racionalidade, indo além do apenas dito ou pensado. Afinal, o que precisamos é encontrar emoções mais profundas, além da zona do controle da consciência. E onde encontramos isso? Nas milhares de metáforas que usamos para nos comunicar todos os dias. Vamos pensar em alguns exemplos de como nos expressamos. "Quando eu como sorvete, eu me sinto uma menina novamente" (uma mulher de 50 anos falando sobre sua experiência); "eu me sinto aprisionada, como dentro de uma jaula, essas manchas me fecham" (mulher, 32 anos, falando sobre melasma); "lidar com minha carreira é matar um leão todos os dias" (homem, 38 anos). Todas essas falas trazem uma ideia bem além da literalidade, de ver a carreira como difícil ou as manchas da pele como feias. Elas revelam frustração, desapontamentos, incapacidades, sonhos etc. Cada uma das metáforas, de forma não literal, traz à tona conteúdos mais profundos do que uma simples insatisfação com a pele, por exemplo. Sentir-se aprisionada vai muito além de estar incomodada com as manchas.

Dando mais um passo à frente, inspirados pela técnica **ZMET — ZALTMAN METAPHOR ELICITATION TECHNIQUE** — da qual somos os representantes exclusivos no Brasil — usamos imagens trazidas pelos entrevistados como metáforas. Isso porque as imagens são a forma como processamos todas as informações. Lembre-se do cheiro do pãozinho fresco na padaria e na mesma hora forma-se uma imagem na sua mente, criando uma representação mental do pãozinho, do sabor, do aroma, do prazer. Nossa psique opera por meio de imagens. Tudo é convertido em uma imagem. Por isso, ao pedirmos aos consumidores imagens, estamos acessando aquilo que a consciência não controla e ficamos mais próximos do que eles verdadeiramente sentem.

E por que tudo isso importa para a gestão de marcas? Se queremos construir estratégias poderosas para conseguir criar vínculos longevos, precisamos ser capazes de acessar sentimentos e não apenas discursos, de ir além da superfície para as profundezas escondidas até mesmo dos próprios consumidores. Voltando à frase do Jaime, "o consumidor diz o que pensa, mas faz o que sente".

12

JUNG E BRANDING

MAL SABE CARL GUSTAV JUNG, o psiquiatra suíço e criador da Psicologia Analítica, que dois de seus principais conceitos teóricos seriam apropriados pelo Branding, sendo que, na maioria das vezes, de forma equivocada. Quantos de nós já não vimos em apresentações e estratégias para marcas os conceitos de arquétipo e persona? Em geral, usam-se arquétipos para definir o espaço de posicionamento de uma marca, seu espaço perceptual e de personalidade. Assim, vemos marcas serem associadas ao arquétipo do explorador, do cuidador ou do sábio, apenas para citar alguns. Da mesma forma, fala-se em persona da marca, quase como sinônimo de uma transposição da marca em uma pessoa. Vemos assim, apenas como um exemplo, uma marca como uma

mulher, 35 anos, ativa, que gosta de consumir moda e tendências, moradora do Leblon, blá, blá, blá.
Como aqui na TroianoBranding temos o privilégio de nossa diretora ser psicóloga e, ainda por cima, com especialização em Psicologia Junguiana, recorremos a ela para nos ajudar a clarear esses conceitos. Muitas vezes, vemos profissionais apenas repetindo e usando arquétipos e persona, mas sem ter noção clara desses conceitos. Então, de forma breve, vamos resgatar e clarear o que são arquétipos e personas. Para tanto, é preciso dar um passo atrás e recuperar um dos principais conceitos de Jung, que é o inconsciente coletivo.

Todos nós já ouvimos muito falar de inconsciente e, quase sempre, quando aplicamos esse conceito, estamos nos referindo ao inconsciente pessoal. Ou seja, os conteúdos não conscientes que cada um de nós tem, frutos de nossa vivência individual, pessoal. Jung dá um passo além quando fala de inconsciente coletivo. Para ele, há uma "camada" anterior que é o inconsciente compartilhado por todas as pessoas, civilizações e épocas. Ele não é pessoal, e sim de todos. São conteúdos compartilhados por todos nós, que trazem um acervo a partir do qual somamos ao nosso inconsciente pessoal.

Bom, e o que arquétipos e personas têm a ver com isso? Os arquétipos "residem" no inconsciente coletivo. Eles existem *a priori*, são conteúdos potenciais e inatos que todos nós temos e que são constelados ao longo de nossas vidas. É como se fosse uma grande biblioteca de possibilidades, que vamos acionando inconscientemente. Por exemplo, ao cuidar de uma pessoa doente e nos dedicarmos a essa tarefa, estamos constelando o arquétipo do

cuidador, pelo afeto, dedicação etc. Trazendo para nosso mundo das marcas, arquétipos podem ser compreendidos como modos de ser em potencial, que configuram determinados traços e sentimentos mais marcantes. Também vale lembrar que os arquétipos não têm apenas o lado "bom". Um dos princípios da teoria junguiana é a polaridade. Nada é apenas bom. Sempre existem os 2 lados, o bom e o mau, a luz e a sombra, e isso vale para os arquétipos. No arquétipo do cuidador, que usamos como exemplo, além dos traços "bons", como afeto, cuidado, há o lado "ruim", da sombra, que é o controle, o sentimento de posse etc.

E a persona? Bom, a persona é um arquétipo e isso quer dizer que ela é também um conteúdo em potencial e inato a todos nós. Em uma definição simplificada, persona é nossa máscara social, são as formas que usamos para nos colocar e nos adaptar a diferentes situações, ambientes e contextos. Usamos várias personas em um mesmo dia e isso nos permite circular socialmente, de forma adaptada e coerente. Sem as personas ficaríamos inadequados. Assim, quando estamos num show de rock, temos uma persona e, ao chegarmos ao nosso trabalho, assumimos outra persona. Pessoas saudáveis usam as personas corretas para cada situação. Ao trazermos para a marca este conceito, criamos um retrato da marca e definimos como ela se apresenta ao mundo, personificando sua "máscara social".

Não temos a pretensão de esgotar os conceitos, seria muita ousadia de nossa parte, mas esperamos ter contribuído para trazer alguns esclarecimentos importantes para usar os conceitos com mais consciência e propriedade. Jung ficaria feliz com esse nosso zelo.

13 MAIS EMPATIA, POR FAVOR

Segundo o dicionário Houaiss, empatia é a *"capacidade de se identificar com outra pessoa, de sentir o que ela sente, de querer o que ela quer, de apreender do modo como ela apreende etc."*. Essa definição é fácil de entender e não deixa dúvidas, mas vemos que nem sempre ela é praticada em nossas vidas. No Branding não é diferente. Quantas vezes não vemos estratégias e iniciativas de marcas que mostram um total descolamento da realidade das pessoas, potenciais usuários ou compradores. É como se a marca ficasse apenas numa visão ensimesmada de seus gestores, usando uma lente distorcida da realidade do outro, a partir exclusivamente de suas próprias referências. Fala-se muito de empatia, pratica-se pouco. O que deveria ser um diálogo das marcas com pessoas, acaba virando monólogo, a marca falando apenas para si mesma e para seus gestores.

Se falta empatia, como profissionais de Branding e comunicação podem desenvolver mais essa habilidade? Em nossa visão, o principal catalisador da empatia é praticarmos uma escuta sensível. É estar verdadeiramente aberto a escutar e apreender o outro, o que ele sente, como pensa, o que o mobiliza e o que o emociona. E veja, escutar não é apenas ouvir. Ouvir fazemos com os ouvidos, escutar é algo que abraça todos os nossos sentidos. Exige sensibilidade, curiosidade e abertura para querer descobrir o mundo do outro.

Recentemente, soubemos da existência do Museu da Empatia, uma ideia trazida pela School of Life, em Londres. A inspiração veio do provérbio americano *"never judge a man until you have walked a mile in his moccasins"* e é exatamente esse o convite que o museu faz. O visitante literalmente calça os sapatos de alguém e simula ver (e escutar) o mundo a partir dessa perspectiva do outro. Isso porque, além dos sapatos, você recebe um fone de ouvido com um áudio gravado pelo(a) antigo(a) dono(a) do par dos sapatos. E assim você caminha enquanto ouve a história de vida dessa pessoa. Para quem se interessou, há a versão online do museu: ***https://www.empatiaonline.org/***

Ah, antes de terminar, uma ressalva: não basta sermos "iguais" ao outro para termos uma visão empática, isso é um grande engano. Foram os antropólogos que, há mais de 200 anos, nos ensinaram isso. Por exemplo, não basta ser mulher para entender outra mulher; ser preto para ser empático com outros negros; ou *plus size* para falar com *plus size*. Empatia vai além disso, essa identidade com o *target* pode ser condição necessária mas não suficiente, como se diz em matemática. É preciso sermos empáticos de corpo e alma e isso pressupõe desprendimento e humildade. Sem isso, continuaremos nos monólogos e muito longe de criarmos vínculos poderosos entre marcas e pessoas, que é a finalidade máxima do Branding.

14 SIMPLES ASSIM

LEONARDO DA VINCI FALAVA: "A SIMPLICIDADE É A MÁXIMA SOFISTICAÇÃO", frase que o inspirou em suas obras e que deveria ser um mantra em trabalhos de Branding. Infelizmente, muitas vezes, nos esquecemos dessa lição do gênio da Vinci e complicamos demais as coisas. Seja usando uma linguagem inacessível em comunicação, seja sobrepondo conceitos e fazendo uma sopa de letrinhas, ou então criando arquiteturas de marcas que mais parecem puxadinhos do que uma empresa planejada e organizada. Se quisermos, também vale acrescentar soluções de design extremamente rebuscadas, cheia de elementos incompreensíveis e peças de comunicação que mais parecem um amontoado de atributos e características das marcas.

E sabe por que isso acontece? Em nossa opinião, há 3 fortes razões para isso. A primeira é a dificuldade que profissionais têm de fazer escolhas, abrir mão e depurar aquilo que verdadeiramente importa. Preferem falar muito achando que dessa forma não estarão deixando nada de fora. Ledo engano. O resultado disso é vermos uma enorme confusão e, de tudo, fica nada. A segunda é porque existe ainda uma mentalidade, em alguns segmentos profissionais, que associa complexidade com valor. É aquela visão que acredita que, se eu colocar várias coisas sobre uma marca, ela irá demonstrar superioridade. Se falar pouco, ficará apequenada. Mais um grande engano. Retomemos a frase de da Vinci, justamente a sofisticação está nas coisas que conseguiram ser simples e não rebuscadas. Por fim, a terceira razão é a seguinte: ser simples é muito mais difícil do que ser complexo. Para se chegar a uma ideia simples é preciso analisar, selecionar, depurar, organizar, priorizar etc. É preciso pensar muito para partir do complexo e se chegar ao cerne, à *big idea*, ao verdadeiro *insight*. Enfileirar uma lista de características da minha marca é muito mais fácil.

Enfim, simples assim não é nada simples. Mas é o certo e o necessário para se criar marcas que tenham relevância na vida das pessoas.

15

BRANDING: MOCINHO OU BANDIDO?

QUANTOS DE NÓS JÁ NÃO OUVIMOS FALAR QUE O MARKETING CRIA NECESSIDADES QUE ANTES NÃO EXISTIAM? Que as marcas geram desejos e, dessa forma, forçam um consumo desnecessário? Alguns de nós, profissionais que trabalhamos com Branding ou em áreas vizinhas, já vestimos muitas vezes a carapuça do bandido, nos vendo como criadores de desejos inexistentes.

Vamos lá, nem um extremo nem outro. Não chegamos a ser mocinhos, mas estamos longe de ser bandidos, quando o Branding é feito a partir de marcas sérias e comprometidas com suas entregas. Isso porque o que o Branding e as atividades derivadas dele, como comunicação, fazem é direcionar um desejo já existente. Vamos pensar em algumas de nossas necessidades fisiológicas, como a sede. Temos sede e, para atender a essa demanda do corpo, buscamos uma forma de saciá-la, tomando algum líquido. Pode ser água, suco, refrigerante, chá ou o que quisermos. O passo seguinte é direcionar a sede a algum desses produtos e, quando existe uma marca envolvida, fazer essa escolha. Assim, se para matar a sede, escolhemos um suco não caseiro, precisamos eleger uma marca. A marca, e portanto o Branding, surge posteriormente à necessidade da sede. A sede, como necessidade, já está presente antes da marca e, portanto, não é a marca que cria a sede. Se formos pensar em outras áreas de negócio, não ligadas às necessidades fisiológicas, teremos mecanismos semelhantes. Precisamos lavar roupa ou comprar uma bicicleta. A intenção dessa compra vem antes da decisão pela marca.

Ok, poderíamos argumentar que, em alguns casos, as marcas podem estimular necessidades que não existiam *a priori*. Nesse caso, aí vai mais um exemplo: uma pessoa decide trocar de carro, mesmo que o atual carro esteja em boas condições. Fica no ar a suspeita de que as marcas (e o capitalismo de forma mais ampla) é que estão criando essa necessidade da troca, a compulsão por ter um carro novo, um brinquedo novo ou uma roupa da moda. Aqui sim há uma parcela de culpa do lado de toda a nossa sociedade capitalista na qual o Branding se insere. De alguma forma, marcas podem criar um sentido de obsolescência que estava adormecido nas pessoas.

É por tudo isso que cabe a nós praticarmos um Branding responsável que começa, antes de mais nada, apoiado em verdades da marca. Relembrando mais uma frase que adoramos na Troiano Branding, a marca não é tapume e não pode ser aquilo que esconde o que a marca é. Se vamos atuar nessa cadeia de consumo, que sejamos cada vez mais mocinhos e menos bandidos. E tudo começa com sermos comprometidos com a transparência. Viva as marcas como vitrines. Abaixo as marcas como tapumes, que escondem o que não se deseja revelar.

16 LUZ E SOMBRA DO HÍBRIDO

A VIVÊNCIA DA PANDEMIA nos trouxe muitas palavras novas que não faziam parte do nosso vocabulário até então ou, pelo menos, não na intensidade em que foram aplicadas. Híbrido é uma dessas palavras e a repetimos hoje para muitas situações: o ensino hoje é híbrido, o trabalho é híbrido, os automóveis são híbridos, o varejo é híbrido, enfim, nossas vidas se tornaram híbridas. Queremos sempre ter um pé em cada mundo, não abrir mão de nada e ter tudo. Híbrido é um pouco isso, é ter a chance de não abrir mão, de aproveitar sempre os dois lados lados da moeda. Ou, como costumamos dizer, saímos de um modo de vida de ser uma coisa OU a outra e passamos a ser uma coisa E a outra. Somamos e não substituímos.

E o Branding, como se relaciona com essa cultura do híbrido? Por um lado, o híbrido traz uma oportunidade. Por outro, um desafio. Ou, na linguagem da Psicologia Analítica, uma luz e uma sombra, dois lados que se complementam. Do lado da oportunidade, da luz, o híbrido permite que as narrativas das marcas sejam únicas e amplas o suficiente para abraçar esses dois mundos, o do físico e o do digital. Daí nasceu a expressão *phygital* ou figital, a junção desses universos. Em conteúdos que criamos para marcas, esse olhar *cross* plataforma sempre precisa estar presente, afinal as pessoas não estão em algum lugar ou em outro, elas estão em todos. Temos assim uma única voz da marca, onde quer que ela esteja. Do lado do desafio, da sombra, é que, mesmo com uma narrativa única, o híbrido vai além de dois espaços. Hoje, as possibilidades de presença se ampliaram de tal forma que o híbrido é plural por excelência. Os espaços de expressão se multiplicaram e isso exige uma orquestração perfeita para que a narrativa não desafine. Há inúmeros exemplos de marcas que estão se perdendo no gerenciamento do híbrido. Ser multiplataforma pede ainda mais coerência, ainda mais consistência, ainda mais compromisso com o posicionamento. A chance de dispersão que o híbrido traz é gigantesca, e apenas um trabalho bem feito de Branding é capaz de gerar harmonia e valor para as marcas. Vale trazermos uma metáfora muito apropriada para a compreensão dessa ideia. Um quarteto de cordas nem sempre exige maestro, embora um dos quatro lidere, mas uma sinfonia exige. Em comunicação de Branding, passamos de quarteto de cordas para peças sinfônicas.

Que o híbrido veio para ficar, é sabido, seja em nossas vidas, seja na vida das marcas. Mas apenas sobreviverão aqueles que entenderem que ele carrega consigo não apenas a luz, mas também a sombra! A mesma coisa que pode nos encantar pelas oportunidades que abre, pode ser também o que vai matar as marcas, se não soubermos preservar a unidade que a multiplicidade abre.

O MITO DE SÍSIFO E O SENTIDO DO PROPÓSITO 17

A MITOLOGIA, seja de qual origem for, é peça fundamental para entendermos que muitas das histórias que vivemos hoje em nossas vidas já existiam bem antes de nós e são revividas, geração após geração. Os mitos, pode-se assim dizer, alimentam verdades que são universais e atemporais, histórias que vão sendo adaptadas a diferentes culturas e tempos, mas que, em essência, são preservadas.

Uma dessas histórias da mitologia nos chamou muito a atenção, pois se relaciona diretamente com um dos temas com os quais mais temos nos envolvido nos últimos anos, o Propósito. Trata-se do mito de Sísifo, que muitos de vocês já devem conhecer ou ter na memória sua imagem carregando a pedra morro acima. Para relembrarmos, brevemente, narramos o mito aqui. Sísifo, descrito sempre como muito astuto e inteligente, desafiou a sabedoria dos deuses gregos e, por conta disso, recebeu uma punição exemplar: rolar diariamente uma pedra, montanha acima, até o topo. Ao chegar ao cume, o peso e o cansaço fariam a pedra rolar novamente, até o chão e no outro dia ele deveria começar tudo novamente, e assim para todo o sempre. Essa punição era um modo de envergonhar Sísifo por sua esperteza e habilidade usadas para tramar contra os deuses.

Afinal, como Sísifo e o Propósito se encontram? Quantas e quantas vezes em nossas rotinas pessoais e profissionais não nos vemos como Sísifos, carregando pedras morro acima todos os dias, meio sem sentido? Nas empresas, nosso cotidiano é lotado de pequenas tarefas, muitas vezes pouco inspiradoras, quase como se estivéssemos carregando pedras. Repetimos diariamente trabalhos, numa sensação de inutilidade, compartilhando com Sísifo esse sentimento. O Propósito, como aquilo que adiciona significado a tudo o que fazemos, como a razão de ser de uma empresa, é o que pode ser elemento inspirador que traz sentido ao trabalho, mesmo para aquelas pequenas tarefas. Quando existe uma razão de ser por trás do carregar pedras, o subir e descer a montanha ganha outra motivação. Cada vez mais pessoas estão buscando esse sentido maior, seja de suas marcas empregadoras, seja das marcas que consomem.

O trabalho que fazemos, de escavar o Propósito de marcas e fazê-lo ganhar vida no dia a dia, atende a essa demanda, de trazer um valor para o que fazemos, para construir uma camada de significado, para irmos além da mera repetição de Sísifo, para encontrarmos uma motivação. Mesmo que precisemos empurrar pedras, que seja por uma boa razão. E saber que aquilo que você faz, de alguma forma, sem ser sempre perceptível à primeira vista, pode, deve e vai mudar o mundo.

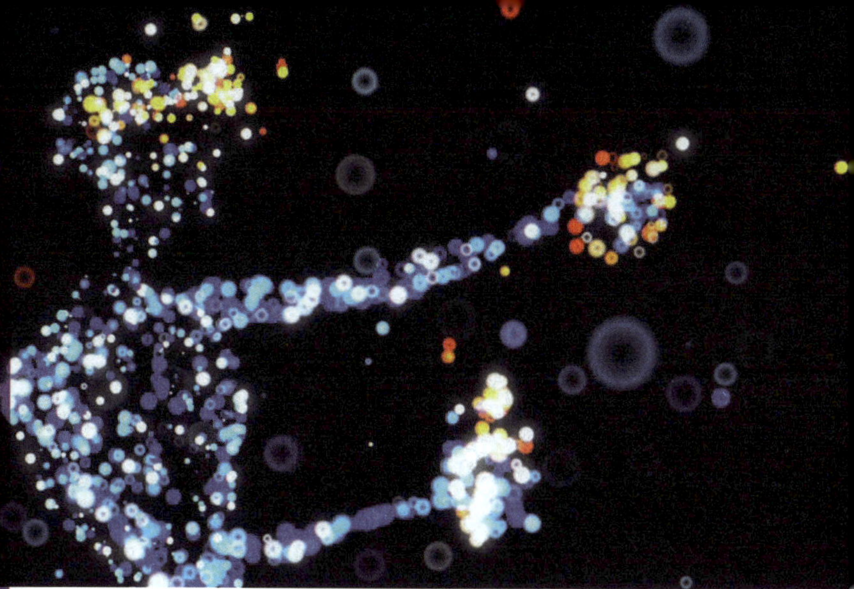

18

METAVERSO E O EU IDEAL

NÃO SOMOS ESPECIALISTAS EM FAZER PREVISÕES sobre o futuro, mas nos consideramos muito atentos e estudiosos do comportamento humano. Como alguns já sabem, para nós, quem não entende de gente não constrói marcas poderosas. Vêm daí nosso interesse e os investimentos que fazemos nessa área e na formação de nossa equipe. É por isso que todo esse *frisson* acerca do metaverso nos deixou bastante intrigados, como se nele fôssemos encontrar algum ser humano que já não existe entre nós hoje. Não vamos nos atrever a debater sobre o metaverso em si, mas sobre pessoas e sua relação com com seus projetos, aspirações e sonhos.

Há muitos anos, é algo até publicado e de nossa autoria, usamos uma equação aparentemente simples, emprestada da psicologia, que revela o papel que as marcas têm na vida das pessoas:

EU ATUAL + ESPAÇO DE IDEALIZAÇÃO = EU IDEAL

O que essa equação nos mostra é que todos nós temos um eu atual, que corresponde a como nos vemos hoje e, ao mesmo tempo, temos um eu ideal, que é o que gostaríamos de ser mais do que somos hoje ou como gostaríamos de ser vistos. Entre cada um desses "eus" há um espaço de idealização que pode ser preenchido de diversas formas. Para estarmos mais próximos de nosso eu ideal, podemos viajar, fazer um curso, nos relacionar com alguém ou eleger uma marca, apenas para citar alguns exemplos. Ora, marcas são também o veículo para esse transporte ou um veículo para aproximar pessoas do que elas buscam, rumo ao eu ideal. Em todos os nossos projetos, essa é a equação que nos guia. Criar conexões poderosas com marcas para mover pessoas em direção a seus sonhos.

Essa ideia, por mais orgulhosos que sejamos dela, existe bem antes de nós, bem antes do Branding, e do Metaverso, nem se fala. Desde Platão, passando pelos estoicos, cristianismo, Hegel e a psicologia, o desejo foi visto como um mover-se em direção a alguma coisa. O desejo é o meio do caminho do que somos e o que queremos ser, ou seja, algo bastante similar à equação acima. A proposta do Metaverso é exatamente essa. Lá, por meio dos avatares, podemos criar um personagem e ser aquilo para onde nosso eu ideal aponta. Comprar uma ilha, consumir marcas diferentes do que faço no dia a dia, ser um investidor mais arrojado ou praticar a poligamia. Na verdade não seremos outra pessoa, apenas estaremos mais próximos de nossos desejos ou fantasias.

O que o Metaverso traz é ampliar os espaços para que isso aconteça.

Por fim, é bastante interessante essa discussão que estamos vendo em torno do Metaverso, pois ela praticamente contraria o que mais recentemente vínhamos acompanhando como tendência, de as pessoas quererem se ver retratadas pelas marcas como elas realmente são. O Metaverso vem para confirmar exatamente o contrário e, nesse sentido, está bastante alinhado com a filosofia e a psicologia: o que move as pessoas são os desejos, a busca por aquilo que nos falta. Como falamos, não sabemos prever o que acontecerá com o Metaverso, mas vale irmos acompanhando.

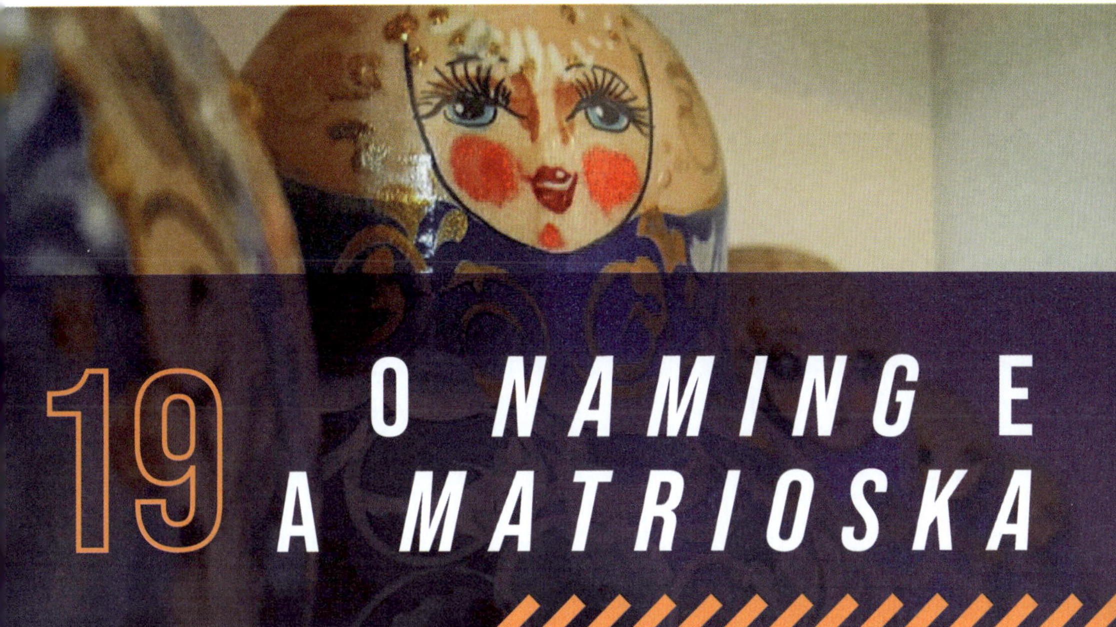

19 O *NAMING* E A MATRIOSKA

QUEM É PAI OU MÃE SABE COMO É DIFÍCIL ESCOLHER O NOME DE UM FILHO. Pois bem, ousamos dizer que escolher o nome de uma marca pode ser ainda mais complexo. A começar pelo simples fato de que muitas vezes a escolha é feita por um colegiado, e não apenas por um casal. Chegar a um consenso é o primeiro de muitos desafios que tornam essa tarefa, de criar o nome para uma marca, uma das disciplinas mais ingratas do Branding, nas palavras de nosso parceiro de negócios com quem desenvolvemos vários projetos de *naming*, Sérgio Guardado, da Sutil Branding.

Mas o desafio vai bem além da busca de um consenso e nos faz relacionar à construção do *naming*, de forma metafórica, à *matrioska*. Também conhecida como **"BONECA RUSSA"**, a matrioska é caracterizada por reunir uma série de bonecas de tamanhos variados que são colocadas uma dentro das outras.

O fato de uma boneca sair de dentro de outra maior representa o ato do parto, quando a mãe dá à luz a sua filha e, consequentemente, a filha dá à luz a outra criança, e assim sucessivamente. A tarefa de se criar *naming* para uma nova marca é como a *matrioska*, um processo que vai ganhando vida à medida que novas bonecas vão surgindo. O que isso quer dizer? Quando sugerimos nomes a um cliente, ele é como se fosse a primeira boneca da *matrioska*, a primeira camada da construção. Como gostamos de dizer, o nome é apenas o início da conversa, o diálogo virá à medida que novas bonecas forem aparecendo. Em Branding, isso indica que o nome vai ganhando forma e passando a ter seu significado pleno. Ele começa com uma palavra escrita em Arial 20, ou até mesmo à mão, numa folha de guardanapo. Pouco ou nada indica sobre a promessa que a marca trará. Aos poucos, pelo trabalho de Branding e comunicação, o nome vai ganhando corpo, vai nascendo, desabrochando. Ele ganha formas e cores a partir de seu logotipo, expressões gráficas com seu sistema de identidade visual, passa a ter uma personalidade, um tom de voz, mensagens que vão sendo construídas por sua comunicação. E, claro, o mais importante, o nome começa a se relacionar com as pessoas através de seus produtos ou serviços, vai ganhando afinidade e até intimidade, criando vínculos. Aquilo que era apenas uma palavra fria, a cada nova expressão da marca, vai se estabelecendo como algo que revela quem ela é. Pouco a pouco, o nome, que no início parecia até um pouco estranho ou inadequado, passa a ser absolutamente natural e vamos deixando de pensar na palavra em si e passamos a entender o que a marca significa. A palavra, assim como a *matrioska*, vai nascendo à medida que o tempo passa e suas manifestações acontecem.

Para nós, o mais importante ao pensar num nome de marca é ele não conter nenhuma barreira inicial a seu desenvolvimento, ou seja, que ele não tenha nenhum entrave que bloqueie esse fluxo natural que descrevemos acima. Assim, o ideal é promovermos um *disaster check*, a fim de avaliar possíveis problemas. Se passar, acreditem, o nome vai ganhando vida e desabrochando. Podemos nos lembrar de nomes que hoje nos parecem os mais naturais do mundo, pois eles já passaram por esse processo de amadurecimento ou "matrioskização", como Apple, Gol, Itaú (pedra preta em tupi-guarani) ou Omo (que vem das iniciais de *old mother owl*, velha mãe coruja). Elas nos parecem naturais, não por conta do seu nome, mas pela história que construíram a partir do nome e principalmente por tudo que vai muito além dele. São marcas que deixaram para trás a literalidade do nome para construir valor e significado. Isso não tem como já sair pronto do nome.

Que possamos ser mais leves com o julgamento de nomes, sem depositar neles tanta responsabilidade, afinal, como já falamos, ele é apenas o começo da conversa. Pedir mais de um nome é cobrar uma entrega que ele não é capaz de dar, por melhor que seja.

COLLABS COLABORAM? 20

AS *COLLABS* SÃO AQUILO QUE TAMBÉM SE CHAMA DE CO-BRANDING, a junção de duas marcas para o lançamento de um produto novo onde ambas aparecem. Na economia do compartilhamento e da colaboração, em princípio, mostram-se como um caminho ganha-ganha, no qual o resultado para as marcas é superior à presença de uma delas isoladamente. Isso porque, quando *collabs* são bem feitas, cada marca empresta à outra um pouco de sua personalidade, seja para reforçar o que já tem, seja para agregar algo novo, complementar. É dessa forma que as *collabs* podem ser por adição (quando uma marca soma à outra algo que ela não tem) ou por reforço (as marcas juntas reforçam algo que ambas já possuem, mas juntas potencializam esse efeito).

É nessa crença que vimos, nos últimos anos e meses, *collabs* pipocarem, especialmente no universo da moda, mas também no de alimentos. Ana Capri e Leite Moça; Havaianas e Oreo; Haribo e Puma. Ou *collabs* que envolvem celebridades e influenciadores com marcas, sendo uma das mais antigas a de Gisele Bündchen com a C&A. Mais recentemente, a mesma marca reeditou *collabs* com Juliette, Bruna Marquezine e Sasha Meneghel. Fora do Brasil, uma das *collabs* mais poderosas, que completou dois anos, foi a da Adidas com Beyoncé, claramente um movimento da marca esportiva para se aproximar mais das mulheres, um público ainda distante e que era uma aspiração da marca.

A questão que fica é o quanto as *collabs* efetivamente trazem um ganha-ganha para as marcas envolvidas. A resposta a essa indagação é um sonoro Depende! No entanto, em nossos trabalhos, ao orientar clientes em relação a oportunidades de *collabs*, pautamo-nos por três princípios básicos. O primeiro deles é o **PRINCÍPIO DA COLABORAÇÃO RECÍPROCA**, isto é, se ambas as marcas estão contribuindo uma com a outra ou se trata apenas de uma delas ser quase como muleta para dar vitalidade ou visibilidade à outra. Caso haja essa vantagem para as duas, sinal verde para avançar. O segundo **PRINCÍPIO É O DO RISCO**

EMBUTIDO, ou seja, qual o risco de uma das marcas estar mais vulnerável a crises, turbulências, deslizes etc.? Isso é particularmente importante no caso de *collabs* com influenciadores, já que a gestão da marca passa por uma questão pessoal, mais difícil de ser controlada. Assim, uma análise de riscos potenciais é fundamental antes que a *collab* seja efetivada. Por fim, **O PRINCÍPIO DOS VALORES COMPARTILHADOS**, que é o quanto as marcas que se aliam são regidas por valores que estão alinhados. Como exemplos, alguns desses valores podem ser atenção à qualidade dos produtos, compromisso socioambiental ou padrão de atendimento. Se houver esse alinhamento, sinal verde para estarem juntas. Caso contrário, fuja!

Voltando ao título, *collabs* colaboram? Sem dúvida elas podem ser grandes potencializadores de negócios e de reforço de posicionamento para as marcas, mas a colaboração entre elas requer uma análise bem detalhada para que o ganha-ganha de fato ocorra.

21

SÓ VER A BOLA EM BRANDING

"O PIOR CEGO É AQUELE QUE SÓ VÊ A BOLA!". Essa frase maravilhosa é do Nelson Rodrigues, famoso dramaturgo brasileiro, usada por ele dentro do contexto do futebol, uma de suas outras paixões. À época, ele já via que o futebol ia muito além de acertar o gol e expandia seu olhar. Se ela serve para o futebol, para nós se encaixa como uma luva na forma como vemos o Branding e, acima de tudo, para entender pessoas. Abaixo relacionamos algumas dessas cegueiras que ainda encontramos em nossa área.

SÓ VER A BOLA EM BRANDING é achar que a concorrência de sua marca se limita aos concorrentes diretos. Algo como, se você tem uma loja de sapatos, acreditar que sua marca compete apenas contra outras lojas de sapatos. Mas, na verdade, sua loja compete com a loja de roupas, com a escola do filho e com a assinatura de *streaming*. O bolso de quem compra é um só e a disputa pelos reais é em mar aberto. A concorrência é definida pela prioridade que o bem que você quer adquirir tem em sua vida e na satisfação de seus desejos.

SÓ VER A BOLA EM BRANDING é cair na armadilha de ver o consumidor apenas pelas lentes da racionalidade, acreditando que o mundo atual move as pessoas exclusivamente pelo lado esquerdo do cérebro. Doce ilusão imaginar que apenas porque temos mais informações somos hoje mais racionais. O que acontece, muitas vezes, é que aumentamos os nossos *bullets* racionais para justificar escolhas puramente emocionais. Por exemplo, ao escolher um jeans, elencamos todas as suas vantagens racionais: caimento, corte, tecido, preço, tonalidade etc. Mas, no fundo, é como me sinto com esse jeans, ou a sensação que ele me traz ao usá-lo ou como sou percebido/a pelos outros que fecham a compra e a escolha. Ignorar o lado direito do cérebro é cegueira absoluta.

SÓ VER A BOLA EM BRANDING é buscar inspiração para Branding apenas no Branding. O que torna ricas as estratégias das marcas é sermos capazes de abraçar diferentes saberes, conhecimentos e análises. Não de forma rasa e superficial, mas mergulhando de verdade, indo a fundo e ampliando nosso olhar. Cinema, música, literatura, claro, são inspirações naturais. Mas também há conhecimento visitando uma feira de rua, um museu ou indo ao supermercado e abrindo a escuta para ouvir pessoas.

SÓ VER A BOLA EM BRANDING é acreditar que a estratégia das marcas está apenas do lado de fora, no mercado. Marcas, como falamos, se constroem de dentro para fora. Sem colaboradores engajados e conhecedores da estratégia da marca, não há força que resista do lado de fora. Portanto, enxergar bem é abraçar dentro e fora, sempre começando do lado de dentro.

Já que falamos em ampliar o olhar, terminamos este texto convidando vocês a completarem. Afinal, olhar além da bola é o que importa, certo? **SÓ VER A BOLA EM BRANDING É....**

22

INICIATIVA COM "ACABATIVA"

UMA VEZ, CONVERSANDO COM O FAMOSO E SÁBIO TERAPEUTA JUNGUIANO ROBERTO GAMBINI, ele nos trouxe uma ideia que nunca saiu de nossas cabeças: *"o brasileiro é muito bom de iniciativa, mas é ruim de 'acabativa'"*. O que ele nos dizia era que somos um povo fértil de ideias novas, mas, muitas vezes, na hora de materializá-las, pecamos e não vamos até o final. O que era para ser algo poderoso, morre na praia antes de ser completado.

Nas empresas, nos negócios e também em Branding, esse é um grande pecado que vemos diariamente acontecer nas empresas e na gestão de marcas. Muitas iniciativas são desenhadas, discutidas e acordadas, mas, na hora do vamos ver, nada acontece! Sem essa materialização, torna-se apenas uma carta de intenções, que ficou presa ao papel e não ganhou vida além disso. Por isso, ao desenvolver plataformas de marcas, tão importante quanto termos *insights*, posicionamentos e propósito relevantes, é termos um real plano de ação de como a promessa da marca será efetivamente entregue, que atividades serão implantadas, em qual sequência, com quais públicos etc. Sem isso, paramos nas iniciativas e não avançamos nas acabativas, o Branding voa, mas não aterrissa e ficamos no meio do caminho. As marcas que têm valor são exatamente aquelas que vencem esse nosso traço cultural brasileiro, furam a bolha e avançam para transformar as estratégias em ações. É curioso ver que, apesar dessa importância, ainda vemos muitas empresas gastando horas e horas em reuniões de aprovação da estratégia e deixam sua execução como uma coisa menor. Ligam o modo automático e aquilo que parecia maravilhoso como ideia não se efetiva na prática. Uma pena.

Peter Drucker tem uma frase maravilhosa que também nos faz pensar sobre esse tema: ***"culture eats strategy for breakfast"***. Em outras palavras, o que ele nos ensina é que, se a cultura não for algo que abrace e incentive a estratégia, ela irá morrer logo na largada. Ou seja, a "acabativa" do Branding depende desse compromisso da empresa com a execução, que começa com a própria cultura. Menos *enrolation* e mais ação. Uma outra referência bem brasileira e que vai na mesma direção é a frase dita pelo Capitão Nascimento no filme *Tropa de Elite*. A ideia era a de efetivamente entregar a missão que havia sido programada. Lembramo-nos dessa frase em quase todos os projetos de Branding que conduzimos, ou seja, assumir o compromisso de fazer o plano da marca acontecer.

Afinal, Branding é verbo e precisa de ações, certo?

101
asics

FICHA TÉCNICA

TEXTOS: TroianoBranding

COORDENAÇÃO GERAL: Cecília Russo Troiano

EDIÇÃO DE TEXTOS: Jacqueline de Bessa Santos

DESIGN E DIAGRAMAÇÃO: Juliana Balan

Dados Internacionais de Catalogação na Publicação (CIP)
(Câmara Brasileira do Livro, SP, Brasil)

Branding, Troiano
Feliz marca nova : 2022 em 22 reflexões sobre marcas e sociedade / Troiano Branding. -- São Paulo :Editora Cla Cultural, 2022.

ISBN 978-65-87953-35-9

1. Administração de empresas 2. Branding (Marketing) 3. Comportamento do consumidor 4. Marcas de produtos I. Título.

22-106645 CDD-658.827

Índices para catálogo sistemático:

1. Branding : Marketing : Administração 658.827
Maria Alice Ferreira - Bibliotecária - CRB-8/7964